Mix & Fertig

SCHNELLE ABENDESSEN

Autor: Nico Stanitzok | Fotos: Vivi D'Angelo

DIE GU-QUALITÄTS-GARANTIE

Wir möchten Ihnen mit den Informationen und Anregungen in diesem Buch das Leben erleichtern und Sie inspirieren, Neues auszuprobieren. Bei jedem unserer Bücher achten wir auf Aktualität und stellen höchste Ansprüche an Inhalt, Optik und Ausstattung. Alle Rezepte und Informationen werden von unseren Autoren gewissenhaft erstellt und von unseren Redakteuren sorgfältig ausgewählt und mehrfach geprüft. Deshalb bieten wir Ihnen eine 100 %ige Qualitätsgarantie.

Darauf können Sie sich verlassen:
Wir legen Wert darauf, dass unsere Kochbücher zuverlässig und inspirierend zugleich sind.
Wir garantieren:

- dreifach getestete Rezepte
- sicheres Gelingen durch Schritt-für-Schritt-Anleitungen und viele nützliche Tipps
- eine authentische Rezept-Fotografie

Wir möchten für Sie immer besser werden:
Sollten wir mit diesem Buch Ihre Erwartungen nicht erfüllen, lassen Sie es uns bitte wissen! Wir tauschen Ihr Buch jederzeit gegen ein gleichwertiges zum gleichen oder ähnlichen Thema um. Nehmen Sie einfach Kontakt zu unserem Leserservice auf. Die Kontaktdaten unseres Leserservice finden Sie am Ende dieses Buches.

GRÄFE UND UNZER VERLAG
Der erste Ratgeberverlag – seit 1722.

KV

INHALT

TIPPS UND EXTRAS

6 FIX MIXEN, FIX BACKEN

Das grüne Blatt bei den Rezepten heißt fleischloser Genuss:
Mit diesem Symbol sind alle vegetarischen Gerichte gekennzeichnet.

SCHNELL, SCHNELLER, ABENDESSEN

Spät nach Hause gekommen und so richtig Lust auf was Leckeres? Kein Problem! Mit dem Thermomix und meinen raffinierten Tricks kommt das Dinner schneller auf den Teller.

Profiköche wissen ganz genau, wie sie ihre Gäste unter Zeitdruck glücklich kochen. Ein guter Grund also, uns die besten Kniffe für die Alltagsküche von den Küchenchefs abzuschauen.

GUT EINGEKAUFT IST HALB GEKOCHT

Auf dem Heimweg von der Arbeit oder mit dem Kind im Schlepptau noch schnell in den Supermarkt, vor der Kühltruhe überlegen, worauf man eigentlich Lust hat, und dann ungeduldig in der Kassenschlange stehen ... Kennen Sie das? Kein Wunder, wenn die Lust aufs Kochen nach diesem Stress dahin ist. Aber mit ein bisschen Planung im Vorfeld können Sie das abendliche Supermarkt-Hopping vermeiden.

Es lohnt sich, einen Speiseplan für ein paar Tage zu erstellen, statt jeden Abend erneut vor der Frage zu stehen: »Was essen wir heute?« Wenn jedes Familienmitglied ein Gericht nennt, ist der Plan schnell befüllt. Oder Sie wählen einfach aus jedem Kapitel dieses Buchs ein Rezept! Dann nur noch alle benötigten Zutaten auf dem Einkaufszettel notieren und beim Wocheneinkauf gleich besorgen. So steht am Abend nicht nur fest, was gekocht wird, sondern Gemüse, Fleisch & Co. stehen auch schon im Kühlschrank parat – praktisch!

FRISCH AUS DEM FROST

Ein Hoch auf Gemüse aus dem Eis! Dass Tiefkühlware erntefrisch schockgefrostet wird und deshalb alle wichtigen Vitamine erhalten bleiben, wissen wir ja schon lange. Was mir aber in der schnellen Küche noch wichtiger ist: Erbsen, Möhren oder Kräuter aus dem Frost sind schon küchenfertig, da geschält und geputzt.

Aber nicht nur die üblichen Verdächtigen gibt es mittlerweile so zu kaufen – auch Zwiebelwürfel, Mangohälften oder Spargel schlummern im Supermarkt und warten nur darauf, in der Tiefkühltruhe entdeckt zu werden. Schauen Sie doch bei Ihrem nächsten Einkauf einmal, welche TK-Zutaten Ihre Alltagsküche noch schneller machen könnten.

STARKE PARTNER

Der Thermomix gart besonders sanft – es entstehen allerdings keine Röststoffe wie beim Braten oder Grillen. Wer ein kräftiges Aroma schätzt, brät Fleisch oder Zwiebeln in einer Pfanne bei starker Hitze in 1 TL Raps- oder Kokosöl an. Die Zutaten dann im Thermomix wie im Rezept beschrieben weiter verarbeiten.
Und auch wenn es mal besonders schnell gehen soll, kombiniere ich gerne den Thermomix mit einem herkömmlichen Kochtopf. So lassen sich Nudeln, Reis oder Kartoffeln ratzfatz im Topf auf dem Herd garen, während parallel dazu die Sauce im Thermomix zubereitet wird.

SAUBERE SACHE!

Bei manchen Rezepten werden ganz verschiedene Schritte nacheinander im Thermomix ausgeführt – dann sollte der Mixtopf zwischendurch gereinigt werden. Besonders einfach und schnell geht das, wenn Sie ca. 500 g Wasser mit 1 Tropfen Spülmittel in den Mixtopf geben und diesen 20 Sek./Stufe 8 laufen lassen. Dann rasch noch mit klarem Wasser nachspülen – und schon ist der Mixtopf wieder bereit für die nächsten Zutaten.
Nach dem Kochen reinigen Sie Ihren Thermomix aber weiterhin wie gewohnt gemäß der Gebrauchsanweisung. Besonders praktisch: Nicht nur der Mixtopf, sondern auch Mixmesser, Spatel, Rühraufsatz, Gareinsatz, Messbecherdeckel und Varoma-Behälter sind spülmaschinengeeignet. Alle Teile vor dem Zusammensetzen gut trocknen lassen.

PERFEKT GEHACKT

Beim Mixen und Hacken entscheidet die richtige Stufe. Ob grobe Gemüsestücke oder feine Zwiebelwürfel, möglich ist alles. Aber wie lange und bei welcher Stufe muss man denn zerkleinern? Mein

Tipp für ein gleichmäßiges Ergebnis: Schneiden Sie Gemüse oder Kartoffeln vor dem Mixen in möglichst gleich große Stücke, dann wird alles beim Mixen schön homogen. Um zu vermeiden, dass Gemüse zu fein gehackt wird, starten Sie am besten auf kleiner Stufe und mixen etwas kürzer. Ist das Ergebnis nicht fein genug, wiederholen Sie den Vorgang mit einer Stufe höher, bis das gewünschte Ergebnis erreicht ist.

TM 31 UND TM 5

Und zu guter Letzt: Ich habe mit dem TM 31 gearbeitet. Die Rezepte sind natürlich mit dem Nachfolger TM 5 kompatibel. Der Mixtopf des TM 5 fasst sogar noch 200 ml mehr als der Mixtopf des TM 31, in den maximal 2 l passen. Beide Modelle bieten also auf jeden Fall ausreichend Platz für die im Rezept angegebenen Zutaten.

FIX MIXEN, FIX BACKEN

Pizza und Frittata schmecken lecker – aber sind sie auch alltagstauglich? Na klar! Während Ofen oder Pfanne langsam heiß laufen, häckselt und mixt der Wundertopf schon einmal die Zutaten. Dann nur noch fix backen oder knusprig braten – und schon heißt es: »Essen ist fertig!«

SPARGELFRITTATA IM GLAS

Diese Frittata kommt ohne akrobatisches Wenden in der Pfanne aus. Feiner Spargel und würziger Speck werden nämlich einfach im Glas gebacken.

50 g Semmelbrösel
15 g weiche Butter
300 g grüner Spargel
150 g Frühstücksspeck
30 g Parmesan
80 g Mozzarella
12 Eier (M)
125 g Milch
Salz | Pfeffer
Außerdem:
4 ofenfeste Gläser
(à 400 ml Inhalt)
Butter für die Gläser

Omelett im Glas

Für 4 Personen | 15 Min. Zubereitungszeit | 15 Min. Backzeit
Pro Portion ca. 540 kcal, 35 g EW, 39 g F, 13 g KH

1 Den Backofen auf 200° vorheizen, die Gläser mit Butter einfetten. Semmelbrösel und Butter in den Mixtopf geben und 5 Min./37°/Stufe 1 verrühren.

2 Inzwischen den Spargel waschen, das untere Drittel schälen und die Enden abschneiden. Die Stangen in 1 cm große Stücke schneiden. Den Frühstücksspeck in Streifen schneiden und in einer Pfanne ohne Fett goldbraun anbraten. Herausnehmen und beiseitestellen. Die Spargelstücke in der Pfanne ca. 3 Min. anbraten, dann mit 2 EL Wasser ablöschen.

3 Die Bröselmischung auf die Gläser verteilen und zu einem Boden festdrücken. Spargel und Frühstücksspeck abwechselnd gleichmäßig in die Gläser schichten.

4 Parmesan und Mozzarella in 2 cm große Stücke schneiden, in den Mixtopf geben und 5 Sek./Stufe 8 hacken. Eier und Milch zufügen, mit ½ TL Salz und 2 Prisen Pfeffer würzen und alles 10 Sek./Stufe 4 vermischen. Die Eiermasse auf die Gläser verteilen und die Frittata im Ofen (Mitte) ca. 15 Min. backen.

TIPP Die Omelettmasse bleibt in der Mitte cremig. Für eine feste Frittata erhöhen Sie die Backzeit um ca. 10 Min. Der grüne Spargel lässt sich selbstverständlich gegen anderes Gemüse austauschen, hier sind Ihrer Fantasie keine Grenzen gesetzt. Wichtig ist nur, dass Sie das Gemüse in 1 cm große Stücke schneiden. Blumenkohl und Brokkoli zum Beispiel müssen Sie also in sehr kleine Röschen teilen.

GEFÜLLTE ZUCCHINI AUS DEM OFEN

4 Zucchini | 150 g Bergkäse | 2 Zwiebeln | 20 g Olivenöl | 400 g gemischtes Hackfleisch | 1 Ei (M) | 1 EL getrockneter Oregano | Salz | Pfeffer | 200 g stückige Tomaten (Dose) | 10 g Gemüsebrühe (Instant) | 2 EL gehacktes TK-Basilikum | 200 g Schmand

Außerdem:

Auflaufform (25 × 30 cm)

Low Carb

Für 4 Personen | 15 Min. Zubereitungszeit | 15 Min. Backzeit

Pro Portion ca. 640 kcal, 38 g EW, 51 g F, 8 g KH

1 Den Backofen auf 230° vorheizen. Die Zucchini putzen, waschen, längs halbieren und die Hälften mit einem Teelöffel bis auf einen schmalen Rand aushöhlen. Das Fruchtfleisch beiseitestellen, die Zucchinihälften in die Auflaufform setzen.

2 Den Käse in 2 cm große Stücke schneiden und im Mixtopf 10 Sek./Stufe 5 zerkleinern. In eine Schale umfüllen. Die Zwiebeln schälen, vierteln und im Mixtopf 6 Sek./Stufe 5 hacken. Mit dem Spatel nach unten schieben, das Öl einwiegen und alles 2 Min./Varoma/Stufe 1 dünsten.

3 Hackfleisch, Ei und Oregano zugeben und 2 Min./Linkslauf/Stufe 3 verrühren. Die Hackmasse mit Salz und Pfeffer abschmecken und gleichmäßig in die Zucchinihälften füllen. Mit dem Käse bestreuen und im Ofen (Mitte) ca. 15 Min. backen.

4 Inzwischen den Mixtopf reinigen. Zucchinifruchtfleisch, Tomaten, Brühe und Basilikum hineingeben und 3 Min./100°/Stufe 1 kochen. Den Schmand 5 Sek./Stufe 6 unterrühren. Die Sauce mit Salz und Pfeffer abschmecken und zu den gefüllten Zucchini servieren.

BLITZ-PIZZA

200 g Gouda | 50 g Parmesan | ½ Würfel Hefe (20 g) | 20 g Zucker | Salz | 300 g Mehl | 30 g Olivenöl | 100 g passierte Tomaten (Dose oder Packung) | 50 g Tomatenmark | 1 EL getrockneter Oregano

Außerdem:
Mehl zum Arbeiten

Schneller als das Pizzataxi

Für 12 Stücke | 15 Min. Zubereitungszeit | 15 Min. Backzeit
Pro Stück ca. 185 kcal, 9 g EW, 8 g F, 20 g KH

1 Den Backofen auf 230° vorheizen, ein Backblech mit Backpapier belegen. Gouda und Parmesan in 2 cm große Stücke schneiden. Die Stücke in den Mixtopf geben und 10 Sek./Stufe 5 zerkleinern. Den gehackten Käse in eine Schale umfüllen und zum Bestreuen beiseitestellen.

2 Die Hefe mit 5 g Zucker, 1 TL Salz und 150 g warmem Wasser in den Mixtopf geben und 10 Sek./Stufe 3 auflösen. Mehl und Öl einwiegen und alles 2 Min./Teigstufe verkneten. Den Teig auf der gut bemehlten Arbeitsfläche mit den Händen zu einer Kugel formen und auf die Größe des Backblechs ausrollen. Den Teig auf das Blech legen. Mixtopf und Mixmesser reinigen.

3 Tomaten, Tomatenmark, Oregano, 1 TL Salz und übrigen Zucker in den Mixtopf geben und 10 Sek./Stufe 3 vermischen. Die Sauce auf dem Boden verteilen und mit dem Käse bestreuen. Die Pizza im Ofen (unten) ca. 15 Min. backen. Herausnehmen, in 12 Stücke schneiden und servieren.

TIPP

Die Pizza nach Belieben noch mit Salami, Schinken oder Champignons belegen.

BLUMENKOHLSALAT MIT MANDEL-GRANOLA

Müsli zum Abendessen? Na klar – mein Granola ist genau richtig als lauwarmes, knuspriges Topping für einen knackig-frischen Salat.

Für das Granola:
40 g Parmesan
25 g geschälte Mandeln
20 g Haferflocken
20 g Olivenöl
1 Eiweiß (M)
Salz

Für den Salat:
400 g Blumenkohl
2 EL gehackte TK-Petersilie
25 g Dijonsenf
50 g Olivenöl
20 g Zitronensaft
25 g Honig
160 g Joghurt

Außerdem:
4 Twist-off-Gläser
(à 400 ml Inhalt)

Salat mal anders

Für 4 Personen |
10 Min. Zubereitungszeit |
20 Min. Backzeit
Pro Portion ca. 325 kcal,
10 g EW, 26 g F, 12 g KH

1 Für das Granola den Backofen auf 175° vorheizen, ein Backblech mit Backpapier belegen. Den Parmesan in den Mixtopf geben und 6 Sek./Stufe 7 zerkleinern. Mandeln und Haferflocken einwiegen und 3 Sek./Stufe 7 zerkleinern. Olivenöl, Eiweiß und 2 Prisen Salz zufügen und alles 15 Sek./Stufe 4 verrühren.

2 Die Granolamasse dünn auf das Backpapier streichen und im Ofen (Mitte) in ca. 20 Min. goldbraun backen. Herausnehmen und lauwarm abkühlen lassen, dann in Stücke brechen.

3 In der Zwischenzeit für den Salat den Blumenkohl in kleine Röschen zerteilen, waschen und abtropfen lassen. Die Röschen in den Mixtopf geben und 2 Sek./Stufe 8 krümelig zerkleinern. Die Blumenkohlstückchen auf die Gläser verteilen.

4 Petersilie, Senf, Öl, Zitronensaft, Honig und Joghurt in den Mixtopf geben und 15 Sek./Stufe 3 vermischen. Das Dressing über den Blumenkohl träufeln, das Mandel-Granola daraufstreuen und den Salat im Glas servieren.

TIPP

Zur Abwechslung zaubere ich gerne mal einen asiatischen Touch in den Salat: Dafür beim Granola die Mandeln gegen geröstete Erdnuss- oder Cashewkerne tauschen. Beim Dressing gebe ich dann noch 1 kleine rote Chilischote, 1 EL gehacktes Koriandergrün und 1 EL Sojasauce mit in den Mixtopf. Schon steht der Asia-Genuss auf dem Tisch.

ZWEIERLEI BISTRO-BAGUETTES

Egal, ob Sie französisches Baguette oder italienisches Ciabatta verwenden, es wird wahrscheinlich immer zu wenig sein. Denn diese knusprigen Brote sind echt beliebt!

Für die Flammkuchencreme:
200 g mittelalter Gouda
170 g Frühstücksspeck
2 rote Zwiebeln
200 g Crème fraîche
Salz | Pfeffer
Für die Pizzacreme:
160 g Parmesan
200 g Salami
3 Tomaten
200 g Mascarpone
2 TL getrockneter Oregano
Salz | Pfeffer
Außerdem:
2 Packungen Aufbackbaguette (à 300 g, je 2 Baguettes)

Super TV-Snack

Für 4 Personen | 15 Min. Zubereitungszeit | 12 Min. Backzeit
Pro Portion ca. 1385 kcal, 59 g EW, 88 g F, 89 g KH

1 Den Backofen auf 220° vorheizen, ein Backblech mit Backpapier belegen. Die Baguettes längs halbieren und die Hälften nebeneinander auf das Blech legen.

2 Für die Flammkuchencreme den Gouda in 2 cm große Würfel schneiden, in den Mixtopf geben und 8 Sek./Stufe 6 hacken. In eine Schale umfüllen. Den Frühstücksspeck in grobe Stücke schneiden, die Zwiebeln schälen und vierteln. Beides in den Mixtopf geben und 5 Sek./Stufe 4 hacken. Gouda und Crème fraîche zufügen und 5 Sek./Stufe 4 vermischen. Die Flammkuchencreme mit Salz und Pfeffer abschmecken. Den Mixtopf reinigen.

3 Für die Pizzacreme Parmesan und Salami in 2 cm große Würfel schneiden. Beides in den Mixtopf geben und 4 Sek./Stufe 6 hacken. Die Tomaten waschen, vierteln und den Stielansatz entfernen. Die Viertel zufügen und 4 Sek./Stufe 4 hacken. Mascarpone und Oregano zufügen und 5 Sek./Linkslauf/Stufe 2 vermischen. Die Pizzacreme mit Salz und Pfeffer abschmecken.

4 Jede Creme gleichmäßig auf 4 Baguettehälften streichen. Die Baguettes im Ofen (Mitte) ca. 12 Min. backen, bis die Brote knusprig und die Cremes leicht gebräunt sind. Sofort servieren.

TIPP **Lieber schlicht? Dann die Baguettes mit je 150 g Kochschinken und Gouda in Scheiben belegen und wie beschrieben backen. In der Zwischenzeit 1 Knoblauchzehe schälen. Mit je 40 g Mayonnaise, Joghurt und Honig, 10 g grobem Senf und 20 g Gurkensud (Glas) im Mixtopf 6 Sek./Stufe 6 mixen. Die gebackenen Baguettes jeweils mit 1 Handvoll fein geschnittenem Eisbergsalat belegen und mit der Sauce beträufeln. Alle Baguettes sind übrigens ein prima Partyfood, denn der Belag lässt sich in größeren Mengen vorbereiten. Die Brote sind dann im Nu aufgeschnitten, bestrichen und gebacken.**

HERZHAFTE ZWIEBEL-MUFFINS

Wer sagt denn, dass Muffins immer süß sein müssen? Diese kleinen Zwiebelkuchen schmecken schön würzig und machen eine Menge her.

250 g mittelalter Gouda
6 Zwiebeln
125 g Frühstücksspeck in Streifen
15 g Olivenöl
200 g Mehl
2 TL Backpulver
200 g Schmand
2 Eier (M)
1 TL edelsüßes Paprikapulver
½ TL getrockneter Thymian
Salz | Pfeffer

Außerdem:
12er-Muffinform
12 Muffin-Papierförmchen

Schneller All-in-Genuss

Für 12 Muffins | 15 Min. Zubereitungszeit | 20 Min. Backzeit
Pro Muffin ca. 220 kcal, 10 g EW, 14 g F, 30 g KH

1 Den Backofen auf 220° vorheizen, die Papierförmchen in die Mulden der Muffinform setzen. Den Gouda in 2 cm große Stücke schneiden, in den Mixtopf geben und 10 Sek./Stufe 5 zerkleinern. In eine Schale umfüllen.

2 Die Zwiebeln schälen und vierteln. Im Mixtopf 4 Sek./Stufe 5 hacken, dann mit dem Spatel am Topfrand nach unten schieben. Frühstücksspeck und Öl einwiegen und alles offen 3 Min./100°/Linkslauf/Sanftrührstufe dünsten.

3 Danach Mehl, Backpulver, Schmand, Eier und Gouda in den Mixtopf geben. Mit Paprikapulver, Thymian, 1 TL Salz und 3 Prisen Pfeffer würzen und alles 15 Sek./Linkslauf/Stufe 4 mithilfe des Spatels zu einem Teig verrühren.

4 Den Teig gleichmäßig auf die Förmchen verteilen (nach Belieben noch etwas mehr Käse darüberstreuen) und die Muffins im Ofen (Mitte) 15–20 Min. backen. Die Muffins aus dem Ofen nehmen, aus der Form lösen und heiß servieren.

TIPP

Keine Muffinform im Haus? Verwenden Sie einfach eine Springform (26 cm ∅). Die Form mit etwas Butter einfetten und den Teig wie beschrieben, jedoch ohne Backpulver, zubereiten. Dann in die Form füllen, glatt streichen und im Ofen (Mitte) ca. 30 Min. backen. Den Zwiebelkuchen aus der Form lösen, in 8 Stücke schneiden und servieren.

GARNELENPUFFER MIT REMOULADE

Mit einfachen Zutaten wird aus einem Klassiker ein Festmahl für jeden Tag. Manchmal muss man sich schließlich selbst verwöhnen!

Für die Puffer:
250 g rohe, geschälte TK-Riesengarnelen
700 g festkochende Kartoffeln
2 Zwiebeln
3 Eier (M)
120 g Mehl
20 g Semmelbrösel
Salz
Rapsöl zum Braten

Für die Remoulade:
1 Ei (M)
1 Knoblauchzehe
2 Schalotten
2 eingelegte Peperoni (aus dem Glas)
200 g Schmand
1 EL gehackte TK-Petersilie
Salz | Pfeffer
50 g Rapsöl

Edle Knuspertaler

Für 4 Personen | 30 Min. Zubereitungszeit | 2 Std. Auftauzeit
Pro Portion ca. 635 kcal, 23 g EW, 38 g F, 50 g KH

1 Für die Puffer die Garnelen nach Packungsangabe in ca. 2 Std. auftauen lassen (siehe Tipp Seite 22).

2 Für die Remoulade das Ei in kochendem Wasser in ca. 10 Min. hart kochen. Dann kalt abschrecken, pellen und halbieren.

3 Inzwischen Knoblauch schälen, Schalotten schälen und halbieren. Die Peperoni kurz abtropfen lassen und den Stiel entfernen. Knoblauch, Schalotten und Peperoni in den Mixtopf geben und 3 Sek./Stufe 8 zerkleinern. Schmand, Petersilie, ¼ TL Salz und 1 Prise Pfeffer zugeben und 10 Sek./Stufe 5 verrühren. Dann das Öl langsam bei Stufe 2 durch die Deckelöffnung auf das laufende Messer gießen. Das Ei zufügen und 3 Sek./Stufe 4 untermischen. Die Remoulade bis zum Servieren kühlen, den Mixtopf reinigen.

4 Für die Puffer Kartoffeln und Zwiebeln schälen und halbieren. Beides mit den Garnelen in den Mixtopf geben und 5 Sek./Stufe 5 zerkleinern. Mit dem Spatel nach unten schieben. Eier, Mehl, Semmelbrösel und 1 TL Salz zufügen und 35 Sek./Stufe 4 unterrühren.

5 Etwas Öl in einer beschichteten Pfanne (26 cm ∅) erhitzen. Jeweils 2 EL Garnelenmasse ins heiße Öl setzen und zu Puffern formen. Die Puffer pro Seite in ca. 3 Min. knusprig goldbraun braten, dann herausnehmen und auf Küchenpapier entfetten. Mit dem restlichen Teig wiederholen und so portionsweise 12 Puffer backen. Die Puffer mit der Remoulade servieren.

FLOTT, FLOTTER, RISOTTO

Die Asiaten lieben Reis so sehr, dass sie ihn jeden Tag essen. Kein Wunder, denn die unscheinbaren weißen Körnchen sind unglaublich wandelbar. Ob vegetarisch, mit Fleisch oder Fisch – für alle, die von Reis auch nicht genug bekommen, gibt es hier meine Rezepte mit dem besonderen Dreh.

KREOLISCHER GARNELENTOPF

Kokos, Limette und Garnelen ... Das schmeckt nach Urlaub! Dieses Rezept koche ich immer, wenn der Alltag trüb und grau und die nächste Auszeit noch in weiter Ferne ist.

400 g rohe, geschälte TK-Riesengarnelen
2 Zwiebeln
4 Stangen Staudensellerie
30 g Butter
2 gelbe Paprika
200 g Langkornreis
400 g Kokosmilch (Dose)
15 g Gemüsebrühe (Instant)
1 Limette
½ TL gemahlene Kurkuma
½ TL gemahlener Koriander
Salz | Pfeffer

Hilft bei Fernweh

Für 4 Personen | 30 Min. Zubereitungszeit | 2 Std. Auftauzeit
Pro Portion ca. 545 kcal, 28 g EW, 28 g F, 44 g KH

1 Die Garnelen nach Packungsangabe in ca. 2 Std. auftauen lassen (siehe Tipp). Die Zwiebeln schälen, vierteln, in den Mixtopf geben und diesen verschließen. Den Staudensellerie putzen, waschen und die Stangen in die Deckelöffnung des Mixtopfs halten. Jetzt den Thermomix auf 3 Sek./Stufe 6 einstellen und die Stangen in das laufende Gerät gleiten lassen. Das Mixgut mit dem Spatel nach unten schieben, die Butter einwiegen und das Gemüse 2 Min./100°/Stufe 1 anschwitzen.

2 Währenddessen die Paprika längs halbieren, weiße Trennwände und Kerne entfernen. Die Hälften waschen und in 3 cm große Stücke schneiden. Paprikastücke und Reis in den Mixtopf geben und ebenfalls 3 Min./Varoma/Stufe 2/Linkslauf anschwitzen. Kokosmilch, 500 g Wasser und Brühe zufügen und alles 17 Min./100°/Stufe 2 garen.

3 In der Zwischenzeit die Riesengarnelen kalt abspülen und mit Küchenpapier trocken tupfen. Die Limette auspressen. Garnelen, Limettensaft, Kurkuma und Koriander in den Mixtopf geben und alles weitere 8 Min./90°/Stufe 2 garen. Den Garnelentopf mit Salz und Pfeffer abschmecken und servieren.

TIPP **Keine Zeit mehr, um die Garnelen aufzutauen? Mit einem kleinen Trick ist das im Nu erledigt: Die Garnelen in ein Sieb legen und mit fließend warmem Wasser abspülen, bis sie aufgetaut sind. Jetzt noch trocken tupfen – schon sind sie bereit für den Mixtopf. Eine andere Möglichkeit: Die Garnelen bereits am Vorabend in den Kühlschrank legen und über Nacht langsam auftauen lassen.**

REIS MIT PUTENCURRY

5 Frühlingszwiebeln | 2 rote Paprika | 20 g Butter | 200 g Parboiled-Langkornreis | 15 g Gemüsebrühe (Instant) | Salz | 50 g Sahne | 20 g Sahne-Schmelzkäse | 20 g Tomatenmark | 20 g Mehl | 2 TL Currypulver | 400 g geräucherter Putenbrustaufschnitt

One-Pot-Wonder

Für 4 Personen | 30 Min. Zubereitungszeit
Pro Portion ca. 420 kcal, 27 g EW, 13 g F, 46 g KH

1 Die Frühlingszwiebeln putzen und waschen. Die Paprika halbieren, weiße Trennwände und Kerne entfernen. Die Hälften waschen und in grobe Stücke schneiden. Frühlingszwiebeln und Paprika in den Mixtopf geben und 6 Sek./Stufe 5 zerkleinern. Das Mixgut mit dem Spatel nach unten schieben, die Butter zufügen und das Gemüse 2 Min./Varoma/Stufe 1 dünsten.

2 Den Reis in den Gareinsatz füllen und unter fließendem Wasser vollständig befeuchten. Den Gareinsatz dann in den Mixtopf einhängen. Gemüsebrühe, ½ TL Salz und 700 g Wasser in den Mixtopf geben und den Reis 20 Min./Varoma/Stufe 1 garen. Den Gareinsatz mit dem Reis herausnehmen und warm stellen.

3 Sahne, Schmelzkäse, Tomatenmark, Mehl und Currypulver glatt rühren, in den Mixtopf geben und 4 Min./100°/Stufe 2 kochen. Inzwischen den Aufschnitt in 2 cm große Würfel schneiden. Zum Curry geben und 2 Min./Linkslauf/Sanftrührstufe erwärmen. Das Putencurry mit dem Reis servieren.

GEMÜSEREIS MIT CASHEWKERNEN

2 Nelken | 5 Kardamomkapseln | 2 TL gemahlene Kurkuma | ½ TL braune Senfsaat | 50 g Butter | 400 g Basmati-Reis | 300 g Blumenkohl | 300 g Möhren | 200 g grüne Bohnen | 100 g Cashewkerne | 30 g Gemüsebrühe (Instant) | Salz

Indisch vegetarisch

Für 4 Personen | 30 Min. Zubereitungszeit
Pro Portion ca. 640 kcal, 17 g EW, 23 g F, 91 g KH

1 Nelken, Kardamom, Kurkuma und Senfsaat in den Mixtopf geben und 10 Sek./Stufe 10 pulverfein zerkleinern. Butter und Reis einwiegen und alles 5 Min./100°/Linkslauf/Sanftrührstufe anschwitzen. Inzwischen den Blumenkohl in kleine Röschen teilen und waschen. Die Möhren schälen, längs halbieren und in 6 mm dicke Scheiben schneiden. Die Bohnen putzen, waschen und quer halbieren.

2 Blumenkohl und Möhren in den Varoma-Behälter geben, dabei einige Luftschlitze offen lassen. Den Boden einsetzen, Bohnen und Cashewkerne darauf verteilen und den Varoma verschließen.

3 Die Reismischung in den Gareinsatz umfüllen. Brühe, 5 g Salz und 1000 g Wasser in den Mixtopf einwiegen, den Gareinsatz einhängen, den Varoma daraufsetzen und alles 20 Min./Varoma/Stufe 1 garen. Danach Reis und Gemüse in einer Schüssel vermischen. Mit 2–3 EL Garsud, Salz und Pfeffer abschmecken und servieren.

TIPP

Dazu schmeckt eine indische Joghurtsauce. Dafür 100 g griechischen Joghurt (10 % Fett), 100 g Garsud, 1 TL Currypulver, 1 TL Garam Masala, 1 EL gehacktes Koriandergrün und 1 EL Zitronensaft verrühren. Mit Salz abschmecken.

KRÄUTERRISOTTO MIT CHAMPIGNONS

Cremiger Reis, delikate Champignons und würziger Parmesan – dank dieser verführerischen Kombi schmeckt's wie bei der italienischen Nonna.

50 g Parmesan
400 g braune Champignons (Egerlinge)
1 Zwiebel
1 Knoblauchzehe
30 g Olivenöl
250 g Risotto-Reis
100 g trockener Weißwein
15 g Gemüsebrühe (Instant)
2 EL italienische TK-Kräuter
Salz

Echter Klassiker

Für 4 Personen | 30 Min. Zubereitungszeit
Pro Portion ca. 370 kcal, 12 g EW, 12 g F, 50 g KH

1 Den Parmesan in den Mixtopf geben, 10 Sek./Stufe 10 zerkleinern und in eine Schale umfüllen. Die Champignons trocken abreiben, putzen und im Mixtopf 10 Sek./Stufe 4 hacken, ebenfalls in eine Schale umfüllen. Die Zwiebel schälen und vierteln, den Knoblauch schälen. Dann beides im Mixtopf 3 Sek./Stufe 5 zerkleinern. Das Mixgut mit dem Spatel nach unten schieben, das Öl einwiegen und den Zwiebelmix 3 Min./100°/Stufe 1 dünsten.

2 Den Reis einwiegen und 2 Min./100°/Linkslauf/Stufe 1 dünsten. Mit dem Weißwein ablöschen und 5 Sek./Linkslauf/Stufe 2 verrühren. Danach 450 g warmes Wasser, Brühe und die gehackten Champignons zugeben und alles 18 Min./100°/Linkslauf/Sanftrührstufe ohne den Messbecher garen.

3 Den geriebenen Parmesan und die Kräuter in den Mixtopf geben und 10 Sek./Linkslauf/Stufe 3 unterrühren. Den Risotto mit Salz abschmecken und sofort servieren.

TIPP Jedes Reiskorn ist ein Individuum und verhält sich auch so. Deshalb ist es relativ schwierig, die richtige Menge Flüssigkeit vorherzusagen, die der Reis zum Garen benötigt. Werfen Sie also gelegentlich einen Blick durch die Deckelöffnung. Der Risotto soll eine cremige Konsistenz haben. Erscheint Ihnen der Reis zu trocken, geben Sie löffelweise Wasser dazu, bis er wieder cremig rührt. Denn ein zu cremiger Risotto schmeckt immer noch besser als ein zu trockener.

SERBISCHES REISGERICHT

500 g Schweineschnitzel (Schinkenstück oder Oberschale) | 2 EL Sojasauce | 2 rote Paprika | 2 Zwiebeln | 15 g Rapsöl | 1 Dose stückige Tomaten (400 g) | 30 g Tomatenmark | 30 g Fleischbrühe (Instant) | 1 TL getrockneter Thymian | 1 TL getrockneter Oregano | Salz | Pfeffer | 200 g Parboiled-Langkorneis

Highlight vom Balkan

Für 4 Personen | 45 Min. Zubereitungszeit
Pro Portion ca. 400 kcal, 35 g EW, 8 g F, 47 g KH

1 Das Fleisch in 2 cm große Würfel schneiden und in eine Schüssel geben. Die Sojasauce zufügen, alles gut vermischen und das Fleisch ca. 5 Min. marinieren lassen. Währenddessen die Paprika vierteln, weiße Trennwände und Kerne entfernen. Die Viertel waschen und in 3 cm große Stücke schneiden, beiseitestellen.

2 Das Fleisch dann im Varoma verteilen, dabei einige Luftschlitze offen lassen und den Behälter verschließen. Die Zwiebeln schälen, vierteln und im Mixtopf 4 Sek./Stufe 5 zerkleinern. Mit dem Spatel nach unten schieben, das Öl einwiegen und die Zwiebeln 2 Min./Varoma/Stufe 1 andünsten.

3 Tomatenstücke, Tomatenmark, Brühe, Thymian, Oregano, ½ TL Salz, 2 Prisen Pfeffer und Reis in den Mixtopf geben. 600 g Wasser dazugießen, den Varoma-Behälter auf den Mixtopf setzen und alles 25 Min./Varoma/Linkslauf/Stufe 1 garen.

4 Die Paprikastücke auf das Fleisch im Varoma legen und alles weitere 10 Min./Varoma/Linkslauf/Stufe 1 garen. Fleisch, Paprika und Tomatenreis mischen, mit Salz abschmecken und servieren.

HÜHNERFRIKASSEE

200 g Champignons | 200 g TK-Erbsen | 500 g Hähnchenbrustfilet | 200 g Basmati-Reis | Salz | 40 g Butter | 40 g Mehl | 100 g Sahne | 15 g Geflügelbrühe (Instant) | 5 g Zitronensaft | 5 g Worcester-Sauce

Familienliebling

Für 4 Personen | 35 Min. Zubereitungszeit
Pro Portion ca. 575 kcal, 38 g EW, 25 g F, 50 g KH

1 Die Champignons trocken abreiben, putzen und vierteln. Die Champignonviertel dann mit den TK-Erbsen mischen und im Varoma-Behälter verteilen, dabei einige Luftschlitze offen lassen. Das Hähnchenbrustfilet kalt abspülen, mit Küchenpapier trocken tupfen und in 2 cm große Würfel schneiden. Den Varoma-Einlegeboden mit Backpapier belegen, die Fleischwürfel darauf verteilen und den Behälter verschließen.

2 Den Reis in den Gareinsatz füllen und unter fließendem Wasser vollständig befeuchten. Den Einsatz dann in den Mixtopf einhängen und 800 g Wasser und 1 TL Salz hineingeben. Den Varoma-Behälter auf den Mixtopf setzen und alles 20 Min./Varoma/Stufe 1 garen.

3 Varoma-Behälter und Reis warm stellen. Den Garsud in einen Messbecher umfüllen. Butter und Mehl in den Mixtopf geben und 2 Min./100°/Stufe 2 anschwitzen. Dann 300 g Garsud, Sahne, Brühe, Zitronensaft und Worcester-Sauce einwiegen und die Sauce 5 Min./Varoma/Stufe 1 kochen.

4 Fleisch, Gemüse und Sauce in einer Schüssel mischen. Das Frikassee mit Salz abschmecken und mit dem Reis servieren.

ONE-POT-HITS

Wie praktisch! Einfach alle Zutaten in den Mixtopf füllen und den Thermomix dann allein machen lassen. Inzwischen können Sie schon mal den Tisch decken und sich vielleicht einen kleinen Aperitif genehmigen. Entspannter kann Kochen am Feierabend gar nicht sein.

ROTE LINSENSUPPE

Nicht deftig und kräftig, sondern fein abgeschmeckt und samtig kommt die Linsensuppe hier in den Teller. Fans von orientalischen Aromen werden begeistert sein.

150 g festkochende Kartoffeln
250 g Möhren
1 Zwiebel
20 g Olivenöl
200 g rote Linsen
15 g Gemüsebrühe (Instant)
Salz | Pfeffer
1 TL gemahlener Kreuzkümmel
2 EL Butter
1 EL Paprikamark (Ajvar oder Biber salçası)
½ TL Chiliflocken (Pul Biber)
1 Zitrone

Gruß aus dem Morgenland

Für 4 Personen | 25 Min. Zubereitungszeit
Pro Portion ca. 325 kcal, 15 g EW, 13 g F, 37 g KH

1 Kartoffeln und Möhren schälen und in grobe Stücke schneiden. Die Zwiebel schälen, vierteln, in den Mixtopf geben und 3 Sek./Stufe 5 zerkleinern. Das Mixgut mit dem Spatel nach unten schieben, das Öl einwiegen und die Zwiebel 2 Min./Varoma/Stufe 1 dünsten. Kartoffel- und Möhrenstücke zufügen und alles 6 Sek./Stufe 8 zerkleinern.

2 Die Linsen in ein Sieb geben und mit fließendem kaltem Wasser abspülen, bis das Wasser klar abläuft. Linsen, 800 g Wasser, Brühe, 1 TL Salz, 3 Prisen Pfeffer und Kreuzkümmel zum Gemüse in den Mixtopf geben. Alles 20 Min./100°/Stufe 2 garen. Danach 10 Sek./Stufe 4–6–8 stufenweise ansteigend pürieren. Die Suppe nochmals mit Salz abschmecken.

3 Inzwischen die Butter in einem kleinen Topf bei mittlerer Hitze erwärmen. Paprikamark und Chiliflocken darin in ca. 1 Min. leicht anrösten. Die Zitrone heiß abwaschen, abtrocknen und vierteln.

4 Die Suppe in vier Suppenschalen anrichten, mit der Würzbutter beträufeln und mit den Zitronenvierteln servieren. Dazu passt frisches Fladenbrot oder knuspriges Baguette.

TIPP **Wenn wir mal so richtig Kohldampf haben, gebe ich noch 4–5 Krakauer oder Mettenden mit in die Suppe. Dafür die Würste in 2 cm große Stücke schneiden und ca. 2 Min. in der pürierten Suppe warm werden lassen.**

KARTOFFELTOPF MIT HACK

1 Zwiebel | 30 g Rapsöl | 500 g gemischtes Hackfleisch | 300 g festkochende Kartoffeln | 300 g Möhren | 15 g Fleischbrühe (Instant) | 75 g Tomatenmark | 1 TL edelsüßes Paprikapulver | ½ TL gemahlener Kümmel | Salz | Pfeffer

Für den großen Hunger

Für 4 Personen | 35 Min. Zubereitungszeit
Pro Portion ca. 465 kcal, 28 g EW, 33 g F, 14 g KH

1 Die Zwiebel schälen, vierteln und im Mixtopf 4 Sek./Stufe 5 hacken. Mit dem Spatel nach unten schieben, das Öl einwiegen und die Zwiebel 2 Min./Varoma/Stufe 1 anschwitzen. Das Hackfleisch mit den Händen etwas zerpflücken, zur Zwiebel in den Mixtopf geben und alles 5 Min./Varoma/Linkslauf/Sanftrührstufe garen. Währenddessen Kartoffeln und Möhren schälen und in 1 cm große Würfel schneiden.

2 Die Gemüsewürfel mit 400 g Wasser, Brühe und Tomatenmark in den Mixtopf geben. Mit Paprikapulver, Kümmel, 1 TL Salz und 2 Prisen Pfeffer würzen und alles 28 Min./100°/Linkslauf/Stufe 1 garen.

TIPP

Fans der veganen Küche ersetzen das Hackfleisch durch 250 g Sojagranulat und tauschen die Fleischbrühe gegen Instant-Gemüsebrühe. Das Granulat in 200 g heißem Wasser einweichen. Dann die Zwiebel wie beschrieben anschwitzen, die restlichen Zutaten in den Mixtopf gegeben und alles 28 Min./100°/Linkslauf/Stufe 1 garen. Abschmecken und servieren.

CHILI CON CARNE

2 Dosen Kidneybohnen (à 240 g Abtropfgewicht) | 1 Dose Maiskörner (285 g Abtropfgewicht) | 1 Zwiebel | 1 Knoblauchzehe | 20 g Olivenöl | 500 g Rinderhackfleisch | 1 Dose stückige Tomaten (400 g) | 30 g Tomatenmark | 1 TL gemahlener Koriander | 1 EL getrockneter Oregano | 15 g Speisestärke | Salz | Pfeffer

Texmex-Thermi

Für 4 Personen | 30 Min. Zubereitungszeit
Pro Portion ca. 555 kcal, 41 g EW, 24 g F, 42 g KH

1 Bohnen und Mais abgießen, kalt abspülen und abtropfen lassen. Die Zwiebel schälen und vierteln, den Knoblauch schälen. Beides im Mixtopf 4 Sek./Stufe 5 zerkleinern. Mit dem Spatel nach unten schieben, das Öl einwiegen und 2 Min./Varoma/Stufe 1 anschwitzen. Das Hackfleisch zufügen und 10 Min./Linkslauf/Varoma/Stufe 1 anschwitzen.

2 Tomaten, Tomatenmark, 350 g Wasser, Bohnen, Mais, Koriander und Oregano zugeben und alles 10 Min./Linkslauf/Varoma/Stufe 2 kochen. Dabei gelegentlich mit dem Spatel durchrühren und alles gleichmäßig vermischen.

3 Die Stärke mit 2 EL Wasser verquirlen, durch die Deckelöffnung in den Mixtopf gießen und das Chili weitere 5 Min./Linkslauf/Varoma/Stufe 2 kochen. Das Chili mit Salz und Pfeffer abschmecken und mit Fladenbrot oder Nachos (siehe Tipp) servieren.

TIPP

Der wahre Cowboy isst überbackene Nachos dazu. Dafür 300 g Tortillachips (Natur) in eine Auflaufform füllen, 150 g Cheddar grob reiben und darüberstreuen. Die Chips im auf 180° vorgeheizten Backofen (Mitte) ca. 8 Min. backen. Mit 180 g saurer Sahne zum Chili servieren.

KOKOS-KÜRBIS-SUPPE

1 Zwiebel | 1 Stück Ingwer (ca. 5 cm lang) | 500 g Hokkaido-Kürbis | 200 g festkochende Kartoffeln | 50 g Butter | 200 g Kokosmilch (Dose) | 15 g Gemüsebrühe (Instant) | 100 g Frühstücksspeck | 1 Bio-Limette | 200 g Crème fraîche | frisch geriebene Muskatnuss | Salz | Pfeffer | 4 TL Kürbiskernöl

Sommer trifft Herbst

Für 4 Personen | 30 Min. Zubereitungszeit
Pro Portion ca. 620 kcal, 10 g EW, 53 g F, 27 g KH

1 Die Zwiebel schälen und vierteln, den Ingwer schälen. Beides im Mixtopf 5 Sek./Stufe 5 hacken. Den Kürbis entkernen, waschen und grob würfeln. Die Kartoffeln schälen und in grobe Stücke schneiden. Die Kartoffel- und Kürbisstücke in den Mixtopf geben und 15 Sek./Stufe 4 zerkleinern. Mit dem Spatel nach unten schieben.

2 Dann die Butter einwiegen und das Gemüse 3 Min./100°/Stufe 2 andünsten. Kokosmilch, 500 g Wasser und Brühe zugeben und alles 20 Min./100°/Stufe 1 kochen.

3 Inzwischen den Frühstücksspeck in dünne Streifen schneiden und in einer Pfanne ohne Fett bei mittlerer Hitze knusprig braten. Die Limette heiß abwaschen und abtrocknen. Die Schale abreiben und den Saft auspressen.

4 Crème fraîche, Limettenschale und -saft in den Mixtopf geben. Die Suppe mit Muskatnuss, Salz und Pfeffer abschmecken und 15 Sek./Stufe 5–7–9 stufenweise ansteigend pürieren. Die Suppe in vier Schalen anrichten, mit dem gebratenen Speck bestreuen und mit je 1 TL Kürbiskernöl beträufeln. Mit frischem Fladenbrot oder Baguette servieren.

LAUCHCREMESUPPE

300 g grobe Mettwurst | 50 g Soft-Backpflaumen (entsteint) | 600 g Lauch | 60 g Butter | 10 g Gemüsebrühe (Instant) | 100 g Schmand | 200 g Sahne-Schmelzkäsezubereitung | frisch geriebene Muskatnuss | Salz | Pfeffer

Das Topping macht's

Für 4 Personen | 20 Min. Zubereitungszeit
Pro Portion ca. 655 kcal, 19 g EW, 58 g F, 13 g KH

1 Die Mettwurst läng halbieren und die Hälften in 4 cm große Stücke schneiden. Wurststücke und Backpflaumen in den Mixtopf geben und 4 Sek./Stufe 5 hacken. In eine Schale umfüllen. Den Lauch putzen, längs aufschneiden und sorgfältig waschen. Die Stangen in 4 cm lange Stücke schneiden, in den Mixtopf geben und 5 Sek./Stufe 5 hacken. Mit dem Spatel nach unten schieben und erneut 10 Sek./Stufe 4 hacken.

2 Danach 30 g Butter einwiegen und den Lauch 5 Min./Varoma/Stufe 2 dünsten. Brühe, Schmand und 600 g Wasser zugeben und alles 5 Min./100°/Linkslauf/Stufe 1 kochen.

3 Inzwischen die restliche Butter in einer Pfanne erhitzen. Mettwurst und Backpflaumen darin bei mittlerer Hitze ca. 5 Min. leicht anbraten.

4 Den Schmelzkäse in den Mixtopf geben und die Suppe 15 Sek./Stufe 5–7–9 stsufenweise ansteigend pürieren. Die Suppe mit 1 Prise Muskatnuss, Salz und Pfeffer abschmecken und in vier Suppentellern anrichten. Den Mettwurst-Backpflaumen-Mix darauf verteilen und servieren. Dazu schmeckt frisches Fladenbrot oder knuspriges Baguette.

SCHNELLE GEMÜSE-KARTOFFEL-SUPPE

Diese Suppe ist ratzfatz zubereitet. Gut so, dann bleibt mehr Zeit, sie gemütlich zu genießen. Und wenn nicht alle gleichzeitig am Tisch sitzen, lässt sie sich leicht warm halten.

1 Zwiebel
15 g Rapsöl
250 g festkochende Kartoffeln
200 g Möhren
200 g Brokkoli
2 Stangen Staudensellerie
15 g Gemüsebrühe (Instant)
4 Wiener Würstchen
200 g Kräuterfrischkäse
frisch geriebene Muskatnuss
Salz

Einfach und gut

Für 4 Personen |
20 Min. Zubereitungszeit
Pro Portion ca. 340 kcal,
16 g EW, 25 g F, 13 g KH

1 Die Zwiebel schälen, vierteln, in den Mixtopf geben und 4 Sek./Stufe 5 zerkleinern. Das Öl einwiegen und die Zwiebel 2 Min./Varoma/Stufe 1 andünsten.

2 Inzwischen Kartoffeln und Möhren schälen und in grobe Stücke schneiden. Den Brokkoli in Röschen teilen. Den Staudensellerie putzen, waschen und in grobe Stücke schneiden. Das Gemüse in den Mixtopf geben und 3 Sek./Stufe 4 zerkleinern. Die Brühe und 600 g Wasser zugeben und das Gemüse 15 Min./Varoma/Stufe 2 garen. Währenddessen die Würstchen in Scheiben schneiden.

3 Danach die Hälfte der gegarten Gemüsestücke mit einer Kelle aus dem Mixtopf schöpfen und beiseitestellen. Den Frischkäse in den Mixtopf geben und die Suppe 10 Sek./Stufe 5–7–9 stufenweise ansteigend pürieren.

4 Die übrigen Gemüse- und Würstchenstücke wieder in den Mixtopf geben und 2 Min./80°/Stufe 3 erwärmen. Die Suppe mit 3 Prisen Muskatnuss und Salz abschmecken und portionsweise anrichten. Mit frischem Fladenbrot oder Baguette servieren.

TIPP **Für besondere Abende mache ich noch Biskuit als Einlage. Dafür den Backofen auf 180° vorheizen, ein Backblech mit Backpapier belegen. 4 Eier (M) trennen, die Eiweiße mit 1 Prise Salz und 5 g Speisestärke im Mixtopf 2 Min./Stufe 4 steif schlagen. Die Eigelbe 5 Sek./Stufe 4 unterrühren, 50 g Mehl und 100 g geriebenen Parmesan 10 Sek./Stufe 4 unterheben. Die Masse fingerdick auf das Blech streichen und im Ofen (Mitte) in ca. 10 Min. goldbraun backen. Herausnehmen, in Stücke schneiden und zur Suppe servieren.**

SAUCE & PESTO – ABER »PRESTO«

Wie man es schafft, die ganze Familie im Handstreich satt und glücklich zu machen? Ganz einfach: indem man einen Riesentopf Nudeln kocht! Und wer dringend neue Anregungen für schnelle Saucen braucht, wird in diesem Kapitel fündig. Denn Nudeln könnte es jeden Tag geben – langweilig wird uns da sicher nie!

FARFALLE IN LACHS-KRÄUTER-SAUCE

Cremig, fein und nicht zu schwer – diese feinen Lachsnudeln gibt es bei mir zu Hause auch öfter mal als schnelles Gästeessen.

4 Frühlingszwiebeln
20 g Butter
200 g Sahne
200 g Milch
200 g Crème fraîche
20 g Gemüsebrühe (Instant)
350 g Farfalle
200 g Räucherlachs
1 TL getrockneter Estragon
1 EL gehackte TK-Petersilie
1 EL gehackter TK-Dill
Salz | Pfeffer

Frühlingsfrisch

Für 4 Personen | 30 Min. Zubereitungszeit
Pro Portion ca. 875 kcal, 28 g EW, 54 g F, 68 g KH

1 Die Frühlingszwiebeln putzen, waschen und in grobe Stücke schneiden. Die Stücke in den Mixtopf geben und 5 Sek./Stufe 5 hacken. Die Butter einwiegen und die Frühlingszwiebeln 3 Min./Varoma/Stufe 1 anschwitzen.

2 Sahne, Milch, Crème fraîche, 200 g warmes Wasser und die Brühe zugeben und alles 6 Min./Varoma/Stufe 1 kochen. Die Nudeln zufügen, mit dem Spatel leicht in die Flüssigkeit drücken und 12 Min./100°/Linkslauf/Sanftrührstufe garen.

3 In der Zwischenzeit den Räucherlachs in 3 cm große Stücke schneiden. Lachsstücke und Kräuter durch die Deckelöffnung zu den Nudeln geben, mit dem Spatel behutsam unterrühren und alles weitere 3 Min./100°/Linkslauf/Sanftrührstufe garen. Die Nudeln mit Salz und Pfeffer abschmecken und servieren.

TIPP

Kein Fan von Räucherfisch? Vielleicht aber von geräuchertem Schinken oder Speck? Dann ersetzen Sie den Lachs durch die gleiche Menge gewürfelten Schinken oder Speck. Anstelle des Dills geben Sie dann 1 TL getrockneten Thymian oder Rosmarin dazu. Für noch mehr Geschmack brate ich die Schinken- oder Speckwürfel erst mit 1 EL Butter in der Pfanne goldbraun an und gebe sie dann in den Mixtopf.

BROKKOLI-MINZ-PESTO

100 g Brokkoliröschen | 1 Bund (50 g) Minze | 2 Knoblauchzehen | 50 g Pinienkerne | 150 g Pecorino in Stücken | Salz | Pfeffer | 200 g Rapsöl

Frisch und würzig

Für 4 Personen | 10 Min. Zubereitungszeit
Pro Portion ca. 685 kcal, 11 g EW, 70 g F, 4 g KH

1 Den Brokkoli waschen und gut abtropfen lassen. Die Minze waschen, sehr gut trocken tupfen, dann samt Stängeln grob zerschneiden. Den Knoblauch schälen und mit dem Brokkoli im Mixtopf 3 Sek./Stufe 8 zerkleinern.

2 Minze, Pinienkerne, Pecorino, 1 TL Salz und 2 Prisen Pfeffer zugeben und alles 8 Sek./Stufe 8 zerkleinern. Mit dem Spatel nach unten schieben. Danach das Öl bei Stufe 4 langsam durch die Deckelöffnung auf das laufende Messer gießen, dabei den Messbecher nicht abnehmen.

MANDELPESTO MIT CHILI

2 kleine rote Chilischoten | 2 Zweige Salbei | 2 Zweige Rosmarin | 2 Knoblauchzehen | 50 g geschälte Mandeln | 30 g Mandeln | 150 g Parmesan in Stücken | Salz | Pfeffer | 100 g Mandelöl | 100 g Rapsöl

Nussig-süße Schärfe

Für 4 Personen | 10 Min. Zubereitungszeit
Pro Portion ca. 690 kcal, 18 g EW, 69 g F, 1 g KH

1 Die Chilis halbieren, entkernen und waschen. Salbei und Rosmarin waschen, gut trocken schütteln und Blätter und Nadeln abzupfen. Den Knoblauch schälen, mit Chilis und Kräutern in den Mixtopf geben und alles 3 Sek./Stufe 8 zerkleinern.

2 Alle Mandeln, Parmesan, 1 TL Salz und 2 Prisen Pfeffer zugeben und alles 8 Sek./Stufe 8 zerkleinern. Mit dem Spatel nach unten schieben. Danach beide Ölsorten bei Stufe 4 langsam durch die Deckelöffnung auf das laufende Messer gießen, dabei den Messbecher nicht abnehmen.

PISTAZIEN-PETERSILIEN-PESTO

100 g geröstete, gesalzene Pistazien | 1 Bund (50 g) Petersilie | 2 Knoblauchzehen | 150 g Parmesan in Stücken | 2 Tropfen Bittermandel-Backöl | Salz | Pfeffer | 200 g Rapsöl

Grüne Versuchung

Für 4 Personen | 20 Min. Zubereitungszeit
Pro Portion ca. 745 kcal, 20 g EW, 73 g F, 3 g KH

1 Die Pistazien aus der Schale lösen. Die Petersilie waschen, sehr gut trocken tupfen und samt Stängeln grob zerschneiden. Den Knoblauch schälen, mit der Petersilie in den Mixtopf geben und 4 Sek./Stufe 8 zerkleinern.

2 Pistazienkerne, Parmesan, Bittermandelöl, 1 TL Salz und 2 Prisen Pfeffer zugeben und alles 8 Sek./Stufe 8 zerkleinern. Das Mixgut mit dem Spatel nach unten schieben. Danach das Rapsöl bei Stufe 4 langsam durch die Deckelöffnung auf das laufende Messer gießen, dabei den Messbecher nicht abnehmen.

STEINPILZ-ORANGEN-PESTO

1 Bio-Orange | 2 Knoblauchzehen | 50 g getrocknete Steinpilze | 50 g Cashewkerne | 150 g Parmesan in Stücken | Salz | Pfeffer | 200 g Rapsöl

Fruchtig trifft erdig

Für 4 Personen | 10 Min. Zubereitungszeit
Pro Portion ca. 680 kcal, 19 g EW, 65 g F, 4 g KH

1 Die Orange heiß abwaschen, abtrocknen und die Schale mit einem Zestenreißer in hauchdünnen Streifen abziehen. Den Knoblauch schälen, mit der Orangenschale in den Mixtopf geben und 4 Sek./Stufe 8 zerkleinern.

2 Steinpilze, Cashewkerne, Parmesan, 1 TL Salz und 2 Prisen Pfeffer zugeben und alles 10 Sek./Stufe 8 zerkleinern. Mit dem Spatel nach unten schieben. Danach das Öl bei Stufe 4 langsam durch die Deckelöffnung auf das laufende Messer gießen, dabei den Messbecher nicht abnehmen.

PENNE ALLA PRIMAVERA

40 g Parmesan | 1 Zwiebel | 2 Knoblauchzehen | 10 g Gemüsebrühe (Instant) | 400 g Penne | 150 g Brokkoli | 150 g Möhren | 150 g TK-Erbsen | 10 g Zitronensaft | 70 g Sahne | Salz | Pfeffer

Italo-Topf

Für 4 Personen | 25 Min. Zubereitungszeit
Pro Portion ca. 480 kcal, 18 g EW, 11 g F, 77 g KH

1 Den Parmesan in den Mixtopf geben und 8 Sek./Stufe 10 zerkleinern. Den gehackten Käse dann in eine Schale umfüllen.

2 Die Zwiebel schälen und vierteln, den Knoblauch schälen. Beides im Mixtopf 5 Sek./Stufe 7 zerkleinern. Brühe und 700 g Wasser in den Mixtopf einwiegen und alles 5 Min./100°/Stufe 1 aufkochen. Die Nudeln zufügen und weitere 6 Min./100°/Linkslauf/Sanftrührstufe köcheln lassen.

3 In der Zwischenzeit den Brokkoli in kleine Röschen teilen und waschen. Die Möhren schälen, längs halbieren und die Hälften in ca. 3 mm dicke Scheiben schneiden.

4 Brokkoli, Möhren, TK-Erbsen, Zitronensaft, Sahne und Parmesan in den Mixtopf geben und alles weitere 12 Min./100°/Linkslauf/Stufe 1 köcheln lassen. Dabei gelegentlich mit dem Spatel umrühren, damit Gemüse und Nudeln gleichmäßig garen. Den Nudeltopf mit Salz und Pfeffer abschmecken und servieren.

PENNE MIT PILZEN AL FORNO

400 g Penne | Salz | 200 g Gouda | 100 g Champignons | 100 g Kochschinken | 20 g Butter | 250 g Rinderhackfleisch | 400 g stückige Tomaten (Dose) | 50 g Röstzwiebeln | 15 g Zucker | geriebene Muskatnuss | 150 g Sahne | Pfeffer

Außerdem:
Auflaufform (25 × 30 cm)

Wie das duftet!

Für 4 Personen | 25 Min. Zubereitungszeit | 10 Min. Backzeit
Pro Portion ca. 930 kcal, 46 g EW, 45 g F, 85 g KH

1 Die Nudeln nach Packungsangabe in kochendem Salzwasser bissfest garen. Danach in ein Sieb abgießen und abtropfen lassen. Inzwischen für die Sauce den Gouda in 2 cm große Stücke schneiden, im Mixtopf 10 Sek./Stufe 5 zerkleinern und umfüllen. Den Backofen auf 220° vorheizen.

2 Die Champignons trocken abreiben und putzen. Den Schinken grob würfeln. Pilze und Schinken im Mixtopf 4 Sek./Stufe 5 hacken. Mit dem Spatel nach unten schieben, die Butter zugeben und beides 2 Min./Varoma/Stufe 1 anschwitzen.

3 Das Hackfleisch mit den Händen etwas zerpflücken, zugeben und 5 Min./Varoma/Linkslauf/Stufe 1 garen. Tomaten und Röstzwiebeln zufügen, mit Zucker und 3 Prisen Muskatnuss würzen und alles 10 Min./100°/Stufe 1 kochen. Die Sahne dazugießen und 3 Min./100°/Stufe 2 unterrühren. Die Sauce mit Salz und Pfeffer abschmecken.

4 Die Nudeln in der Form verteilen, mit der Sauce übergießen und mit dem Käse bestreuen. Im Ofen (Mitte) ca. 10 Min. überbacken. Den Auflauf herausnehmen und sofort servieren.

LINGUINE MIT SHRIMPS

Nur ein Viertelstündchen brauche ich für diese edle Nudelkreation. Und dann heißt es: an die Gabeln, fertig – genießen!

250 g Shrimps in Lake
1 Zwiebel
1 Knoblauchzehe
500 g Linguine
Salz
30 g Olivenöl
400 g stückige Tomaten (Dose)
250 g Paprika-Chili-Frischkäse
100 g Sahne
2 EL Kapern (aus dem Glas)
Pfeffer

Zum Verwöhnen

Für 4 Personen | 15 Min. Zubereitungszeit
Pro Portion ca. 745 kcal, 37 g EW, 23 g F, 95 g KH

1 Die Shrimps in ein Sieb abgießen, kalt abspülen und abtropfen lassen. Die Zwiebel schälen und vierteln, den Knoblauch schälen. Die Nudeln nach Packungsangabe in reichlich kochendem Salzwasser bissfest garen.

2 In der Zwischenzeit für die Sauce Zwiebel und Knoblauch in den Mixtopf geben und 4 Sek./Stufe 5 zerkleinern. Mit dem Spatel nach unten schieben, das Öl einwiegen und den Zwiebelmix 3 Min./Varoma/Stufe 1 anschwitzen.

3 Die Tomaten zugeben und 5 Min./100°/Stufe 1 köcheln. Frischkäse, Sahne, Kapern und Shrimps zufügen und alles 6 Min./90°/Stufe 2 erhitzen. Dabei jedoch nicht mehr kochen lassen, damit nichts ausflockt. Die Sauce mit Salz und Pfeffer abschmecken.

4 Die Nudeln in ein Sieb abgießen und abtropfen lassen, dann zurück in den Topf geben. Die Sauce darübergießen, mischen und die Linguine in vier Pastatellern anrichten. Sofort servieren.

TIPP **Ob Venus- oder Miesmuscheln, Pulpo, Calmar oder Tintenfisch, diese Sauce können Sie natürlich auch mit Ihren ganz persönlichen Lieblingsmeeresfrüchten zubereiten. Alles ist erlaubt! Hauptsache, es schmeckt.**

RIGATONI IN VIER-KÄSE-SAUCE

500 g Rigatoni | Salz | 2 Knoblauchzehen | 150 g mittelalter Gouda | 100 g Gorgonzola | 100 g Parmesan | 300 g Doppelrahmfrischkäse | 100 g Milch | 2 EL italienische TK-Kräuter | frisch geriebene Muskatnuss | Pfeffer

Schneller gekocht als gegessen

Für 4 Personen | 15 Min. Zubereitungszeit
Pro Portion ca. 950 kcal, 41 g EW, 45 g F, 92 g KH

1 Die Nudeln nach Packungsangabe in reichlich kochendem Salzwasser bissfest garen. In der Zwischenzeit für die Sauce den Knoblauch schälen. Gouda, Gorgonzola und Parmesan in 2 cm große Würfel schneiden. Danach die Parmesanwürfel mit dem Knoblauch in den Mixtopf geben und 8 Sek./Stufe 10 fein hacken. Gouda, Gorgonzola, Frischkäse, Milch und TK-Kräuter zufügen und die Sauce 10 Min./90°/Stufe 2 kochen.

2 Die Käsesauce zuletzt mit Muskatnuss, Salz und Pfeffer abschmecken.

3 Die Nudeln in ein Sieb abgießen und abtropfen lassen, dann zurück in den Topf geben. Die Sauce darübergießen und mischen. Die Käsenudeln in vier Schalen anrichten und sofort servieren.

TIPP

Die Mischung macht's! Jede Käsesorte trägt etwas zu diesem Italo-Klassiker bei: Parmesan sorgt für Würze und vollen Geschmack, Gouda schmilzt gut und bringt Sämigkeit. Gorgonzola überzeugt mit seiner rassigen Note und der Frischkäse verbindet alles harmonisch.

TORTELLINI MIT TOMATENCREME

250 g getrocknete Tortellini mit Spinatfüllung (ersatzweise 400 g frische aus dem Kühlregal) | 1 Knoblauchzehe | 100 g Möhren | 15 g Olivenöl | 40 g Tomatenmark | 400 g stückige Tomaten (Dose) | 100 g Sahne | 30 g Zucker | 10 g Gemüsebrühe (Instant) | 2 TL getrocknetes Basilikum | Salz | Pfeffer

Kinderliebling

Für 4 Personen | 15 Min. Zubereitungszeit
Pro Portion ca. 365 kcal, 11 g EW, 16 g F, 43 g KH

1 Die Tortellini nach Packungsangabe in kochendem Salzwasser bissfest garen. In der Zwischenzeit für die Sauce den Knoblauch schälen, die Möhren schälen und in grobe Stücke schneiden. Knoblauch und Möhren in den Mixtopf geben und 5 Sek./Stufe 5 hacken. Das Mixgut mit dem Spatel nach unten schieben.

2 Das Öl einwiegen und das Gemüse 3 Min./Varoma/Stufe 2 anschwitzen. Das Tomatenmark zugeben und ebenfalls 2 Min./Varoma/Stufe 2 anschwitzen. Tomaten, Sahne, Zucker, Brühe, Basilikum, 1 TL Salz und 2 Prisen Pfeffer zufügen und die Sauce 8 Min./100°/Stufe 2 kochen.

3 Die Tomatensauce zuletzt 10 Sek./Stufe 6 pürieren. Die Tortellini in ein Sieb abgießen und kurz abtropfen lassen. Mit der Tomatencreme in vier Pastatellern anrichten und servieren.

VAROMA MIT AROMA

3, 2, 1 … fertig! Gemüse, Fleisch und Fisch schonend im Dampf gegart – und nebenbei ein feines Sößchen gezaubert. Hier zeigt der Thermomix so richtig, was in ihm steckt! Und bei der Zubereitung kommt garantiert kein Stress auf. Da fragt bestimmt jeder am Tisch: »Ja, ist denn heute schon Sonntag?«

KABELJAU MIT GURKEN-DILL-SAUCE

Leichtes Fischfilet und eine frische Sauce dazu? Das klingt doch ganz verführerisch – und damit nach dem idealen Essen für den Feierabend.

400 g vorwiegend festkochende Kartoffeln
4 Kabeljaufilets (à 150 g)
2 EL Zitronensaft
Salz | Pfeffer
15 g Gemüsebrühe (Instant)
1 Salatgurke
50 g Schmand
40 g grober Dijonsenf
15 g Zucker
20 g Speisestärke
2 EL TK-Dill

Freitagsknüller

Für 4 Personen |
30 Min. Zubereitungszeit
Pro Portion ca. 265 kcal,
30 g EW, 6 g F, 23 g KH

1 Die Kartoffeln schälen, achteln und in den Gareinsatz geben. Die Fischfilets kalt abspülen und trocken tupfen.

2 Einen Bogen Backpapier auf die Größe des Varoma-Einlegebodens zuschneiden. Das Papier auf den Boden legen und mit etwas Wasser befeuchten. Den Einlegeboden in den Varoma setzen und den Fisch darauflegen. Mit Zitronensaft beträufeln, mit Salz und Pfeffer würzen und den Behälter verschließen.

3 Brühe und 600 g Wasser in den Mixtopf einwiegen. Den Gareinsatz einhängen, den Varoma-Behälter daraufsetzen und Fisch und Kartoffeln 20 Min./Varoma/Stufe 1 dämpfen. Inzwischen die Gurke waschen, längs halbieren und die Kerne herausschaben. Die Hälften längs in 3 Streifen, dann in 1 cm große Würfel schneiden.

4 Den Varoma-Behälter abnehmen, den Gareinsatz aus dem Mixtopf heben und Fisch und Kartoffeln warm stellen. Schmand, Senf, Zucker, Speisestärke und Dill zum Garsud in den Mixtopf geben und 10 Sek./Stufe 6 vermischen. Die Gurkenwürfel zufügen und 4 Min./100°/Linkslauf/Sanftrührstufe kochen. Die Sauce mit Salz und Pfeffer abschmecken. Kartoffeln und Fisch auf vier Tellern anrichten und mit der Sauce servieren.

TIPP **Für dieses Rezept können Sie jeden Fisch verwenden, der Ihnen schmeckt. Ich habe das Gericht schon mit Seelachs zubereitet, auch Lachs, Hecht oder Rotbarsch eignen sich sehr gut. Wenn es mal etwas Besonderes sein darf, dämpfen Sie Garnelen oder Jakobsmuscheln im Varoma.**

FLEISCHKLOPSE MIT GEMÜSE

200 g vorwiegend festkochende Kartoffeln | 600 g Möhren | 1 Zwiebel | 600 g gemischtes Hackfleisch | 1 Ei (M) | 10 g mittelscharfer Senf | Salz | Pfeffer | 30 g Butter | 30 g Mehl | 15 g Fleischbrühe (Instant) | 100 g Sahne | 2 EL gemischte TK-Kräuter

Frikadellen mal anders

Für 4 Personen | 40 Min. Zubereitungszeit
Pro Portion ca. 640 kcal, 36 g EW, 47 g F, 19 g KH

1 Kartoffeln und Möhren schälen und in 3 cm große Stücke schneiden. Die Zwiebel schälen, vierteln und im Mixtopf 3 Sek./Stufe 5 zerkleinern. Hackfleisch, Ei, Senf, 1 TL Salz und 3 Prisen Pfeffer zugeben und alles 2 Min./Linkslauf/Stufe 3 mithilfe des Spatels vermischen. Aus der Hackmasse 12 Bällchen formen und in den Varoma-Behälter legen, dabei einige Luftschlitze offen lassen.

2 Den Varoma-Einlegeboden daraufsetzen, Kartoffeln und Möhren darauf verteilen und den Behälter verschließen. 600 g Wasser und 1 TL Salz in den Mixtopf geben, den Varoma-Behälter daraufsetzen und Hackbällchen und Gemüse 28 Min./Varoma/Stufe 1 garen.

3 Danach den Varoma-Behälter abnehmen und und warm stellen. Den Garsud aus dem Mixtopf in einen Messbecher gießen und bei Bedarf mit Wasser auf 400 ml auffüllen. Butter und Mehl in den Mixtopf geben und 2 Min./100°/Stufe 2 verrühren. Garsud, Brühe, Sahne und Kräuter zufügen und alles 5 Min./100°/Stufe 2 garen. Die Sauce mit Salz und Pfeffer abschmecken und zu Gemüse und Fleischbällchen servieren.

RAHMGESCHNETZELTES MIT HOKKAIDO

400 g Hokkaido-Kürbis | 20 g Zucker | Salz | frisch geriebene Muskatnuss | 1 Zwiebel | 20 g Butter | 500 g geschnetzeltes Putenbrustfilet | 20 g Tomatenmark | 5 g Sojasauce | 15 g Fleischbrühe (Instant) | 200 g Sahne | 100 g Schmand | 10 g Speisestärke | Pfeffer

Herbst-Kombi

Für 4 Personen | 30 Min. Zubereitungszeit
Pro Portion ca. 480 kcal, 34 g EW, 28 g F, 24 g KH

1 Den Kürbis entkernen, waschen und in 2 cm große Würfel schneiden. Die Würfel in einer Schüssel mit Zucker, ½ TL Salz und 3 Prisen Muskatnuss vermischen. Die Kürbiswürfel dann im Varoma-Behälter und auf dem Varoma-Einlegeboden verteilen. Den Behälter verschließen. Die Zwiebel schälen, vierteln und im Mixtopf 4 Sek./Stufe 6 zerkleinern. Mit dem Spatel nach unten schieben.

2 Die Butter einwiegen und die Zwiebel 2 Min./Varoma/Stufe 1 anschwitzen. Fleisch, Tomatenmark, Sojasauce, Brühe und 30 g Wasser in den Mixtopf einwiegen. Den Varoma-Behälter auf den Mixtopf setzen und Fleisch und Kürbis 20 Min./Varoma/Linkslauf/Stufe 1 garen.

3 Danach den Varoma-Behälter abnehmen und warm stellen. Sahne, Schmand und Stärke verquirlen, zum Fleisch in den Mixtopf gießen und 4 Min./100°/Linkslauf/Stufe 1 kochen. Die Sauce mit Salz und Pfeffer abschmecken. Das Kürbisgemüse auf vier Teller verteilen, das Geschnetzelte darauf anrichten und servieren.

GNOCCHI MIT PFEFFERSAUCE UND GEMÜSE

500 g Blumenkohl | 500 g Möhren | 400 g frische Gnocchi (aus dem Kühlregal) | Salz | 1 Zwiebel | 15 g Olivenöl | 10 g Gemüsebrühe (Instant) | 2 TL grüner Pfeffer (Glas) | 50 g Tomatenmark | 100 g Sahne | 15 g Speisestärke

Aromatisch scharf

Für 4 Personen | 30 Min. Zubereitungszeit
Pro Portion ca. 340 kcal, 8 g EW, 13 g F, 48 g KH

1 Den Blumenkohl in einzelne Röschen zerteilen und waschen. Die Möhren schälen und längs halbieren. Die Hälften dann schräg in ca. 5 mm dicke Scheiben schneiden. Blumenkohlröschen, Möhrenscheiben und Gnocchi im Varoma-Behälter und auf dem Varoma-Einlegeboden verteilen, dabei einige Luftschlitze offen lassen. Gemüse und Gnocchi mit 2 Prisen Salz würzen und den Varoma-Behälter verschließen.

2 Die Zwiebel schälen, vierteln und im Mixtopf 3 Sek./Stufe 5 zerkleinern. Mit dem Spatel nach unten schieben. Das Öl einwiegen und die Zwiebel 2 Min./Varoma/Stufe 1 anschwitzen. Dann Brühe, 500 g Wasser, Pfeffer und Tomatenmark zufügen. Den Varoma auf den Mixtopf setzen und Gemüse und Gnocchi 20 Min./Varoma/Stufe 1 garen.

3 Danach den Behälter abnehmen und warm stellen. Sahne und Stärke verquirlen, zum Garsud in den Mixtopf gießen und die Sauce 3 Min./100°/ Stufe 3 kochen. Mit Salz abschmecken.

4 Gemüse und Gnocchi in eine große Schüssel umfüllen. Die Pfeffersauce darübergießen, mischen und sofort servieren.

GEMÜSEALLERLEI MIT KICHERERBSEN

1 Dose Kichererbsen (240 g Abtropfgewicht) | 1 kg gemischtes TK-Gemüse | 1 Zwiebel | 15 g Rapsöl | 15 g Gemüsebrühe (Instant) | frisch geriebene Muskatnuss | 25 g Speisestärke | 100 g Schmand | 40 g Röstzwiebeln | 2 TL getrockneter Estragon | Salz | Pfeffer

Leichte Küche

Für 4 Personen | 35 Min. Zubereitungszeit
Pro Portion ca. 390 kcal, 9 g EW, 27 g F, 26 g KH

1 Die Kichererbsen abgießen, kalt abspülen und abtropfen lassen. Kichererbsen und das noch gefrorene TK-Gemüse im Varoma-Behälter und auf dem Einlegeboden verteilen. Den Behälter verschließen. Die Zwiebel schälen, vierteln und im Mixtopf 4 Sek./Stufe 5 zerkleinern. Mit dem Spatel nach unten schieben. Das Öl einwiegen und die Zwiebel 3 Min./Varoma/Stufe 1 anschwitzen.

2 Brühe, 3 Prisen Muskatnuss und 600 g warmes Wasser zugeben. Den Mixtopf verschließen, den Varoma-Behälter daraufsetzen und das Gemüse 25 Min./Varoma/Stufe 1 dämpfen.

3 Danach den Behälter abnehmen und warm stellen. Stärke und Schmand verrühren und zum Garsud in den Mixtopf geben. Röstzwiebeln, Estragon, 1 TL Salz und 3 Prisen Pfeffer zugeben. Die Sauce 3 Min./100°/Stufe 2 aufkochen, dann 10 Sek./Stufe 8 mixen. Gemüse und Kichererbsen in vier Schalen anrichten und mit der Sauce servieren.

REGISTER

Damit Sie Rezepte mit bestimmten Zutaten noch schneller finden, sind in diesem Register auch beliebte Zutaten wie **Hackfleisch** oder **Reis** alphabetisch eingeordnet und hervorgehoben. Darunter finden Sie das Rezept Ihrer Wahl. Vegetarische Rezepte, die im Buch mit einem gekennzeichnet sind, sind hier grün abgesetzt.

B

C

E

F

G

H

K

L

M

N

P

R

S/T

W

Z

Projektleitung: Verena Kordick
Lektorat: Petra Teetz
Korrektorat: Jutta Friedrich
Innen- und Umschlaggestaltung: independent Medien-Design, Horst Moser, München
Herstellung: Mendy Willerich
Satz: Kösel, Krugzell
Reproduktion: medienprinzen GmbH, München
Druck und Bindung: Schreckhase Spangenberg
Syndication: www.seasons.agency
Printed in Germany

1. Auflage 2017
ISBN 978-3-8338-6185-7
www.facebook.com/gu.verlag

GRÄFE UND UNZER
Ein Unternehmen der
GANSKE VERLAGSGRUPPE

Der Autor

Nico Stanitzok ist viel beschäftigt als Koch, Blogger und Kochbuchautor – und darum liebt er die schnelle Küche für den Alltag. Im Gräfe und Unzer Verlag sind von ihm bereits diverse Titel erschienen, zuletzt »Low Carb – High Fat«.

Die Fotografin

Vivi D'Angelo hegt eine Leidenschaft für gutes Essen und hat ein Händchen dafür, jedes Gericht im besten Licht zu präsentieren. Zusammen mit **Sandra Luz** (Foodstyling) wirbelte sie mit dem Thermomix in der Küche um die Wette und beendete die Fotoproduktion in Rekordzeit.

Bildnachweis

Autorenfoto: Klaus Schroff,
alle anderen Fotos: Vivi D'Angelo

Umwelthinweis:
Dieses Buch ist auf PEFC-zertifiziertem Papier aus nachhaltiger Waldwirtschaft gedruckt.

QUALITÄTS G|U GARANTIE

Liebe Leserin, lieber Leser,

haben wir Ihre Erwartungen erfüllt? Sind Sie mit diesem Buch zufrieden? Haben Sie weitere Fragen zu diesem Thema? Wir freuen uns auf Ihre Rückmeldung, auf Lob, Kritik und Anregungen, damit wir für Sie immer besser werden können.

GRÄFE UND UNZER Verlag
Leserservice
Postfach 86 03 13
81630 München
E-Mail:
leserservice@graefe-und-unzer.de

Telefon: 00800 / 72 37 33 33*
Telefax: 00800 / 50 12 05 44*
Mo–Do: 9.00 – 17.00 Uhr
Fr: 9.00 – 16.00 Uhr
(gebührenfrei in D, A, CH)*

Ihr GRÄFE UND UNZER Verlag
Der erste Ratgeberverlag – seit 1722.

Backofenhinweis:
Die Backzeiten können je nach Herd variieren. Die Temperaturangaben in unseren Rezepten beziehen sich auf das Backen im Elektroherd mit Ober- und Unterhitze und können bei Gasherden oder Backen mit Umluft abweichen. Details entnehmen Sie bitte Ihrer Gebrauchsanweisung.

Appetit auf mehr?

ISBN 978-3-8338-6154-3

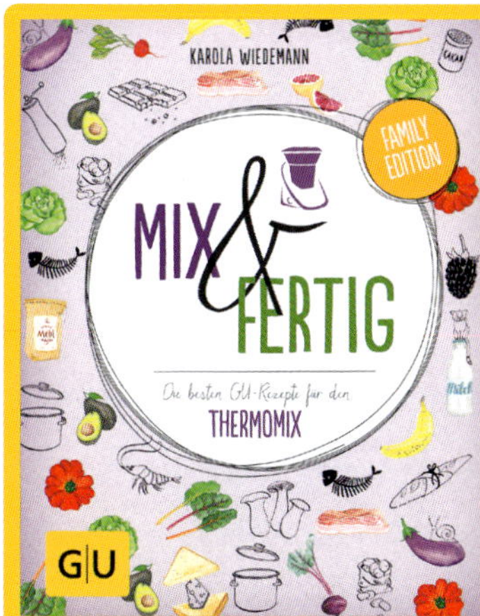

ISBN 978-3-8338-6018-8

ISBN 978-3-8338-6341-7

ISBN 978-3-8338-6343-1

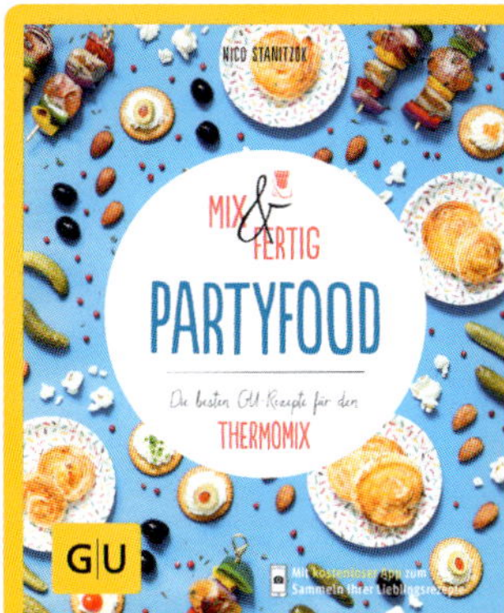

ISBN 978-3-8338-6186-4

ISBN 978-3-8338-3436-3

Alle hier vorgestellten Bücher sind auch als eBook erhältlich.

G|U

Willkommen im Leben.

Mehr von GU auf **www.gu.de** und
facebook.com/gu.verlag

EIN SÜSSES SCHÄLCHEN GLÜCK

Ein Brei am Abend? Für viele bedeutet das höchstes Glück nach einem anstrengenden Tag. Und schon Oma wusste, dass man danach besonders süß träumt.

GRIESSBREI MIT BANANE

Für 4 Personen: Den Rühraufsatz in den Mixtopf einsetzen. Dann 1000 g Milch, 200 g Hartweizengrieß und 100 g Zucker einwiegen und alles 10 Min./90°/Stufe 1 garen. In der Zwischenzeit 4 Bananen schälen, längs halbieren und die Hälften in ca. 1 cm breite Stücke schneiden. Den Grießbrei in vier Schalen verteilen und die Bananenstücke darauf anrichten. Den Brei zuletzt noch mit 50 g geraspelter Vollmilchschokolade bestreuen und heiß servieren. Wer mag, stellt noch Zimtpulver zum Bestäuben mit auf den Tisch.

MILCHREIS MIT HIMBEEREN

Für 4 Personen: Den Rühraufsatz in den Mixtopf einsetzen. 850 g Milch, 220 g Milchreis, 40 g Butter und 60 g Zucker einwiegen, ½ TL gemahlene Vanille, ¼ TL Zimtpulver und 1 Prise Salz zugeben. Alles 10 Min./100°/Stufe 1 geschlossen aufkochen, dann 15 Min./90°/Stufe 1 offen köcheln lassen. Den Milchreis in eine Schüssel umfüllen und ca. 10 Min. quellen lassen. Inzwischen 200 g Himbeeren mit 50 ml Wasser in einem Topf bei mittlerer Hitze aufkochen. Mit einer Gabel leicht zerdrücken, 1 TL Speisestärke, 1 TL Zitronensaft und 2 EL Puderzucker untermischen. Unter Rühren einmal aufkochen, vom Herd nehmen und 200 g Himbeeren unterheben. Den Milchreis mit der Sauce in vier Schalen anrichten.